Karin Sieber

Nächstenliebe am Beispiel des barmherzigen Samariters (Lk 10, 25-37)

GRIN Verlag

Bibliografische Information der Deutschen Nationalbibliothek:

Die Deutsche Bibliothek verzeichnet diese Publikation in der Deutschen National-
bibliografie; detaillierte bibliografische Daten sind im Internet über http://dnb.d-
nb.de/ abrufbar.

Impressum:

Copyright © 2014 GRIN Verlag, Open Publishing GmbH
Druck und Bindung: Books on Demand GmbH, Norderstedt Germany
ISBN: 978-3-668-00497-9

Dieses Buch bei GRIN:

http://www.grin.com/de/e-book/301500/naechstenliebe-am-beispiel-des-barmher-
zigen-samariters-lk-10-25-37

GRIN - Your knowledge has value

Der GRIN Verlag publiziert seit 1998 wissenschaftliche Arbeiten von Studenten, Hochschullehrern und anderen Akademikern als eBook und gedrucktes Buch. Die Verlagswebsite www.grin.com ist die ideale Plattform zur Veröffentlichung von Hausarbeiten, Abschlussarbeiten, wissenschaftlichen Aufsätzen, Dissertationen und Fachbüchern.

Besuchen Sie uns im Internet:

http://www.grin.com/

http://www.facebook.com/grincom

http://www.twitter.com/grin_com

Besondere Unterrichtsvorbereitung

UE: Katholische Religionslehre: Nächstenliebe

am Beispiel „Der barmherzige Samariter" (Lk 10, 25-37)

Inhaltsverzeichnis

1. Zielsetzung 3

   1.1 Fachprofil Katholischer Religionsunterricht an bayerischen Grundschulen 3

   1.2 Lehrplanbezug 4

   1.3 Darstellung der Sequenz 5

   1.4 Zielformulierungen 7

2. Begründung der Zielsetzung und der didaktischen Reduktion 8

   2.1 von der Sachstruktur 8

   2.2 von der Individuallage der Klasse 20

   2.3 Didaktische Reduktion 24

3. Methodisches Vorgehen 25

   3.1 Kommentierter Sitzplan 25

   3.2 Plan der Durchführung 26

4. Begründung der didaktisch-methodischen Entscheidungen 29

5. Anlagen 36

   5.1 Lehrerzählung 36

   5.2 Bodenbild 41

   5.3 Arbeitsblätter 42

6. Literaturverzeichnis 48

   6.1 Grundlagenliteratur 48

   6.2 Fachwissenschaftliche Literatur 48

   6.3 Fachdidaktische Literatur 49

1. Zielsetzung

1.1 Fachprofil Katholischer Religionsunterricht an bayerischen Grundschulen

Das Fach Katholische Religionslehre leistet einen wesentlichen Beitrag zum Bildungs- und Erziehungsauftrag der Bayerischen Grundschulen. Da es dabei vor allem darum geht, Wissenserwerb zu ermöglichen, Verstehen anzubahnen, Interessen zu entwickeln, soziale Verhaltensweisen sowie musische und praktische Fähigkeiten zu fördern und Werthaltungen aufzubauen"[1], ist das Fach Katholische Religion ein sehr wichtiges Unterrichtsfach, das dazu beiträgt, die Entwicklung der Persönlichkeit, Wertorientierung, Sozialisation, sprachliche Bildung, Umwelterziehung und religiöse Orientierung zu unterstützen.

Die fächerübergreifenden Bildungs- und Erziehungsaufgaben haben im Katholischen Religionsunterricht ihren festen Platz, da besonderer Wert auf die Erlangungen grundlegender Kompetenzen gelegt wird. In einer Welt, die immer unübersichtlicher wird, die die Kinder vor große Herausforderungen zur Lebensbewältigung stellt, da es oft an Werten, Normen und festen Strukturen fehlt, kann der Religionsunterricht den Schülern mithilfe des Glaubens, in Anlehnung an biblische Überlieferungen und durch Anstöße zum Nachdenken über sich, Gott, das Leben und über die Mitmenschen Halt und Orientierung geben. Er hilft, Lebensperspektiven aus dem christlichen Glauben zu entwickeln, das eigene Leben mit dem biblisch-christlichen Glauben in Zusammenhang zu bringen und schult die Wahrnehmungs-, Ausdrucks-, Urteils-, biblisch-theologische, ethische und interreligiöse Kompetenz.[2]

Der Religionsunterricht trägt dazu bei, dass Kinder über sich nachdenken und sich mit ihren Stärken und Schwächen annehmen können. Er lädt ein zur Begegnung mit anderen Gläubigen und hilft mit Erscheinungsformen von Kultur und Zivilisation eigenverantwortlich umzugehen, indem er den religiösen Weg der Kinder unterstützt. Sein Profil gewinnt er aus der christlichen Glaubenswirklichkeit, wie sie in der kirchlich-christlichen Tradition gelebt wird.

Im Religionsunterricht wird eine „Unterrichtsgestaltung angestrebt, die Kopf, Herz und Hand gleichermaßen einbezieht."[3]

In jeder Jahrgangsstufe werden die folgenden drei Lernbereiche altersgemäß thematisiert: „Lebensfragen und biblische Botschaft", „Ausdrucksformen des Glaubens und kirchlichen Lebens" sowie „Leben in religiös-kultureller Vielfalt und Maßstäbe ethischen Handelns"[4]. Diese Themenbereiche

---

[1]Lehrplan für die bayerischen Grundschulen, S. 7
[2]Vgl. Hilger, u.a, S. 418
[3] Lehrplan für die bayerischen Grundschulen, S. 20
[4]Vgl. ebd., S. 21

dienen dazu, die Frage nach Gott wachzuhalten, das eigene Leben mit Erfahrungen aus der Bibel in Verbindung zu bringen und eine religiöse Ausdrucksfähigkeit zu entwickeln.

Im Fachprofil Kapitel II B Katholische Religionslehre lässt sich die Unterrichtseinheit „Jesus ist zu Gast bei Zachäus", dem ersten Lernbereich „Lebensfragen und biblische Botschaft", und darin dem zweiten Themenbereich „Vergebung erfahren und sich versöhnen" zuordnen.

1.2   Lehrplanbezug

Der Bayerischen Lehrplan für die Grundschule behandelt in der 3. Jahrgangsstufe im Fach Katholische Religionslehre unter 3.6 „Sehnsucht nach einer gerechten und friedvollen Welt " in 3.6.3. den Lernbereich „Schritte zu einer gerechteren und friedvolleren Welt". Am Beispiel des Gleichnisses „Der barmherzige Samariter" erfahren die Kinder, wie Jesus zu Hilfsbereitschaft und Nächstenliebe aufruft und dabei ein für die damalige Zeit besonderes Verständnis vom „Nächsten" an den Tag legt. Meine Stunde hierzu bezieht sich auf Lk 10, 25-37.

Mögliche Querverbindungen zu anderen Fachbereichen bieten sich an zu:

* Deutsch: 3.1, 4.1 Symbole und Gesten für Nächstenliebe und Hilfsbereitschaft finden und beschreiben (Hand, Weg, Brücke,...)

  3.2 Texte verfassen, die sich mit Nächstenliebe, Not, Unrecht befassen

* Musik: 3.1.1 Singen, Pantomimen gestalten 3.2 Dialogsprechmotetten

  4.1.1 Singen 4.4.2 Szenen spielen , die sich mit Unrecht, Not und Hilfe beschäftigen

* Kunst: 3.6, 4.6 Künstler auf neuen Wegen, Bild betrachten , S. Köder, Kees

* HSU   3.6, 4.6 Orientierung in Raum und Zeit, Landkarte zur Zeit Jesus betrachten

  3.3 Wünsche und Bedürfnisse, 3.3.1 Medien als Fenster zur Welt, sich Informationen beschaffen

  3.4 Zusammenleben, Wie wir uns helfen und gut auskommen können

1.3   Darstellung der Sequenz

Grobziel: In der Sequenz zu 3.6„*Sehnsucht nach einer gerechten und friedvollen Welt*" lernen die Schüler durch Alltagsgeschichten als auch durch biblische Überlieferungen, sensibel für das Not und Leid anderer zu werden. Sie werden sich bewusst, was sie ändern möchten, lernen die Notwendigkeit von Nächstenliebe und Hilfsbereitschaft kennen und entwickeln selbst ein Projekt „Kleine Schritte für eine bessere Welt".

Lehrplan an bayerischen Grundschulen, Katholische Religionslehre

3.6 Sehnsucht nach einer gerechten und friedvollen Welt

3.6.1 Ungerechtigkeit und Not

1. UZE	„Auf der Welt ist vieles nicht in Ordnung" - Wir schauen nicht weg, wir nehmen die Not anderer wahr! Grobziel: Die Schüler werden sensibilisiert für die Not und das Leid anderer in ihrer näheren Umgebung.
2. UZE	„Wir nennen Unrecht beim Namen" Grobziele: Die Schüler setzen sich in Gruppenarbeit mit dem Leben in anderen Teilen der Welt auseinander und nennen dabei Unrecht beim Namen.
3. UZE	Die Welt von der wir träumen Grobziel: Die Schüler denken über aktuelle Missstände in unserer Welt nach und entwickeln aus diesen Aspekten heraus kooperativ Träume von einer besseren Welt.

3.6.2 Von Propheten lernen

4. UZE	„Der Prophet Jesaja" Grobziel: Die Schüler kennen den Propheten Jesaja und sehen, dass es auch früher schon Leute gab, die Unrecht anprangerten und die Menschen im Auftrag Gottes zum Umdenken bewegen wollten.
5. UZE	Das Gleichnis „Der barmherzige Samariter" (Lk 10, 25-32) Grobziel: Die Schüler kennen den Beginn der Geschichte, also das Gespräch zwischen Jesus und dem Gelehrten und wissen, dass der Priester und der Levit dem Verletzten nicht halfen.

3.6.3 Schritte zu einer gerechteren und friedvolleren Welt

6. UZE	Nächstenliebe am Beispiel „Der barmherzige Samariter" (Lk 10, 25-37) Grobziel: Die Schüler kennen das Gleichnis vom barmherzigen Samariter und erkennen, wer unser Nächster ist, also der, der gerade unsere Hilfe benötigt.
7. UZE	Weiterarbeit am Gleichnis „Der barmherzige Samariter" Grobziel: Die Schüler wissen, wem auch wir helfen sollen, wie sie selbst handeln können und sollen und übertragen das Gleichnis auf ihre aktuelle Lebenswirklichkeit und erkennen, dass wir es tun, weil alle Menschen für Gott wichtig sind.
8. UZE	„ Solche wie Jesaja, Amos, … gibt es auch heute" Grobziel: Die Schüler reaktivieren ihr Vorwissen zu Propheten und sehen Parallelen zu Menschen in der der heutigen, Zeit, die sich für die Rechte von Menschen einsetzen, wie Mutter Teresa, Unicef, Rugmark, … .
9. UZE	„Ein Flüchtlingsjunge aus Syrien " „Elias hat Leukämie" Grobziel: Am Beispiel der Lebenssituation eines Kindes aus Hersbruck und

	aus einem anderen Land sehen die Kinder noch einmal ganz konkret die Not anderer, haben Mitleid und erkennen die Notwendigkeit eigenen Tuns.
10. UZE	„Uns geht es gut, wie können wir selbst handeln und helfen?"- Kleine Schritte für eine bessere Welt Grobziel: Die Schüler überlegen sich selbst Schritte zu einer gerechteren Welt und planen eine Spendenaktion nach den Ferien, so können wir auch im Kleinen etwas bewegen.

1.4 Zielformulierungen

Anhand des Gleichnisses vom barmherzigen Samariter (nach Lk 10,25-37) werden die Schüler darauf aufmerksam, dass auch ihnen in ihrer nächsten Umgebung ein Mensch in Not begegnen kann. Sie werden dazu ermutigt, im Rahmen ihrer Möglichkeiten selbst aktiv zu werden und sich für den betreffenden Menschen zu entscheiden, indem sie eigene Ideen hervorbringen, wie sie dem betroffenen Menschen helfen können.

Das Grobziel der Stunde lautet:

Die Schüler kennen das Gleichnis vom barmherzigen Samariter und erkennen, wer unser Nächster ist, also jeder, der gerade unsere Hilfe benötigt.

Die Schüler

- lernen die Fortsetzung der biblischen Geschichte des barmherzigen Samariters nach Lk 10, 25-37 handlungsorientiert kennen.

- erschließen diese inhaltlich, indem sie in die Erzählung miteinbezogen werden und die Szenen nachspielen.

- werden aufmerksam, wie Jesus uns auffordert, dem Nächsten, also jedem, der gerade unsere Hilfe benötigt, zu helfen.

- erkennen, dass auch sie Nächstenliebe und Barmherzigkeit an jedem, der Hilfe braucht, praktizieren können und bekommen ein Gespür dafür, wie sie den Auftrag Jesu im täglichen Leben anwenden können.

- nehmen Personen sowie Situationen einfühlend wahr, spüren nach, wie sie sich jeweils fühlten, indem sie die Szenen nachspielen.

- erkennen, dass auch Gott jeden Menschen bedingungslos annimmt und uns allen hilft.

- überdenken bei der Reflexion ihre (neue) Sichtweise vom Nächsten, beziehen die biblische Erzählung auf eigene Erfahrungen und ihre Lebenswelt, äußern ihre Ideen dazu, wie sie selbst anderen, die in Not geraten sind, helfen können und entwickeln die Bereitschaft, selbstlos und ohne Hintergedanken zu helfen, wo es gerade nötig ist.

- empfinden Freude beim aktiven Gestalten des Bodenbilds und bei der Gruppenarbeit.

2. Begründung der Zielsetzung und der didaktischen Reduktion

2.1 von der Sachstruktur

Stufen der Glaubensentwicklung nach James W. Fowler

- Stufe 0: Erster Glaube, Glaube als Urvertrauen: Grunderfahrung der Aufgehobenseins, des elementaren Gebens und Nehmens in den ersten Lebensmonaten
- Stufe 1: Intuitiv-projektiver Glaube, der stark von der Fantasie geprägt ist (ca. 2-6 Jahre)
- *Stufe 2: Mythisch-wortgetreuer Glaube: Wirklichkeit wird von Fantasie unterschieden, Mythen werden wörtlich genommen, nicht als symbolische Sprache erkannt. Gott wird wie ein menschliches Wesen aufgefasst (Kindheit im Grundschulalter und frühe Jugend)*
- Stufe 3 und folgende werden erst in der späteren Jugend und im Erwachsenenalter erreicht, daher hier nicht relevant
→ biblische Erzählungen müssen den Kindern immer als überlieferte Geschichten näher gebracht werden, damit sie wissen, dass es um den Gehalt geht, dass sie von Gott erzählen und es nicht so wichtig ist, ob sie sich genauso wirklich ereigneten
vgl. hierzu: Hilger, G. , Ritter, W.H. : Religionsdidaktik Grundschule, S. 103

Stufen religiöser Urteilskraft nach Oser / Gmünder

- Stufe 1: Orientierung an absoluter Heteronomie (Deus ex machina), das Kind fühlt sich ausgeliefert. Gott ist unerreichbar und unbeeinflussbar
- Stufe 2: Orientierung an do ut des: Das Kind kann dieses Größere, das über ihm steht, durch intentionale Akte wie Opfer, Gebet, das Befolgen von Geboten usw. beeinflussen, mit ihm in der Weise eines Tauschverhältnisses gleichsam handeln

8

- Stufe 3: Orientierung an Selbstbestimmung: Der junge Mensch befreit sich aus der Abhängigkeit von diesem Ultimaten, ihm wird ein eigener, vom Menschen getrennter Bereich zuerkannt. Sein Leben wird aber dadurch nicht mehr direkt beeinflusst
- Stufen 4 und 5: im Grundschulalter nicht erreicht

→ die Kinder der 3./4. Klasse beginnen erst, Gefühl der Nächstenliebe und Hilfsbereitschaft zu entwickeln, das Gespür für persönlichen Einsatz wird geweckt

→ Gott kommt auf uns zu, nimmt uns bedingungslos an, auch wenn man Fehler macht, belastet ist

→ Kind muss sich für sein Angebot öffnen, um das Geschenk der Nächstenliebe anzunehmen

→ Offenheit und Zuwendung können Erstaunliches bewirken im menschlichen Miteinander

vgl hierzu: Hilger, G., Ritter, H.W. : Religionsdidaktik Grundschule, S. 100

Didaktisch-methodische Grundsätze

- Anknüpfen an die Vorerfahrungen der Schülerinnen
- aktives, selbsttätiges, handelndes Lernen der Schüler
- Selbständigkeit der Schüler fördern
- problemorientiertes Lernen
- Bezug zur Erfahrungswelt der Kinder
- Lernen in Zusammenhängen
- Verstehendes Lernen
- biblische Geschichten in Beziehung zu Erlebnissen der Kinder setzen
- Welt der Religion mit der Welt des Kindes wechselseitig ins Gespräch bringen
- integrierender Ansatz wird der Komplexität der Lebenssituationen und Welterfahrungen gerecht
- Erreichen von Wahrnehmungs-, Ausdrucks-, Urteils-, Biblisch-Theologischer-, Ethischer- und interreligiöser Kompetenz

vgl. hierzu:

    Gruber, E.: Mein Glaube in Bilder und Symbolen

    Hilger, G. , Ritter, W.H. : Religionsdidaktik Grundschule

    Maras,R.: Unterrichtsgestaltung in der Grundschule, S. 292F

Die Beispielerzählung

Die Beispielerzählung ist eine Untergattung der Gleichnisse. Sie wird mit einer Frage eingeleitet, deren Antwort dann die Beispielerzählung ist. Hier wird ein Einzelfall erzählt, der jedoch auf das Allgemeine angewendet werden kann. Bei diesen Erzählungen „soll der Bezug zum eigenen Han-

9

deln unmittelbar deutlich werden.5" Das heißt, dass man selbst so handeln soll, wie es in den Bei-spielerzählungen beschrieben wird. Diese Geschichten zeigen nicht das Wirken Gottes, sondern das, was Gott bei den Menschen bewirkt.6 Hier wird die Nähe Gottes durch helfende Mitmenschen er-fahren.

Sequenz 3.6. Sehnsucht nach einer gerechten und friedvollen Welt

Die Unterrichtsreihe will die Schüler für die Nöte und Probleme die in unserer Gesellschaft, aber auch im persönlichen Umfeld der Schüler zu finden sind, öffnen. Den Schülern ist Bedürftigkeit, Armut und Not durchaus vertraut. Gerade Nöte im privaten Bereich bekommen viele schon im Kindesalter am eigenen Leib zu spüren. Man sollte zwar einerseits davon ausgehen können, dass gerade die Familie der Ort ist, an dem ein Kind lernt für andere Menschen Verantwortung zu über-nehmen und fürsorgend da zu sein, andererseits werden selbst hier manche Nöte gar nicht wahrge-nommen. Finanzielle Nöte, Scheidungsproblematik, Krankheiten und viele andere Probleme engen leider auch in Familien den Blickwinkel zu sehr auf das „Ich" ein.

Die zunehmende Individualisierung trägt dann noch ihren Teil dazu bei, dass auch Not und ihre Bearbeitung immer individueller behandelt werden. Das Bewusstsein, dass ein Mangel an Lebens-möglichkeiten von jedem Individuum als persönliches Problem zu verantworten und zu bewältigen ist, schränkt das Verantwortungsgefühl für den Anderen zunehmend ein. Der Religionsunterricht hat die Aufgabe, die religiöse Dimension dieser Wirklichkeit zu erschließen. Die Schüler sollen offen werden für diese Situationen und eigene Standpunkte entwickeln.

Leider ist es ja heute an der Tagesordnung Nöte und Probleme zwar wahrzunehmen, aber wie beim „barmherzigen Samariter", doch gleich wieder wegzusehen, wenn gewisse Erwartungen und Hand-lungen von uns erwartet werden. Dieses Phänomen findet sich aber nicht nur bei Schülern sondern auch bei Erwachsenen. Wie einfach ist es doch zu sagen „Was geht mich das an? Sollen doch die anderen was tun!" Situationen wie beim „barmherzigen Samariter" begegnen dabei immer wieder in den verschiedensten Formen; sei es bei Pausenrangeleien, auf dem Schulweg oder in der Freizeit, z.B. beim Fußballspielen. Dabei wird schnell vergessen, dass Zuwendung nicht nur dem Menschen, welchem geholfen wird, sondern auch dem Helfenden gut tut.

Die Schüler sollen lernen, die Situation anderer Menschen richtig einzuschätzen und wahrzunehmen. In ihnen soll ein gewisses Maß an Verantwortungsbewusstsein geweckt werden.

In den Vorstunden wurden Geschichten aus der Wahrnehmungswelt der Schüler erzählt, auf Erfah-rungen und Erlebnisse der Kinder eingegangen und die Begriffe Leid, Not, Ungerechtigkeit, Kin-

---

5 Bubolz, S. 137
6 Vgl. Schumacher u.a., S. 3

derarbeit, -armut, Krieg thematisiert sowie auf die persönlichen Träume einer besseren Welt eingegangen.

Dabei wurden keine fertigen „guten, religionsunterrichtstauglichen" Handlungsschemata vorgegeben, sondern die Kinder durften ihre eigenen Lösungswege erarbeiten und ihr moralisches Urteil einbringen.

Propheten und -worte wurden vorgestellt, ebenso auch Menschen aus der aktuellen Zeit, die sich für die Rechte anderer einsetzen und Hilfsprojekte ins Leben riefen. Die Hilfsorganisation von Karl-Heinz Böhm, der leider vor kurzem verstorben ist, wurde auch thematisiert.

Aus der Erschließung des biblischen Textes kann das Kind erkennen, dass unser biblisch-christlicher Glaube dazu ermutigt, sich in allen Situationen für unseren Nächsten, also für den, der gerade unsere Hilfe benötigt, einzusetzen.

Das Gebot der Nächstenliebe

Das Thema der ganzen Sequenz steht in unmittelbarem Bezug zum Gebot der Nächstenliebe.

„Jeder ist sich selbst der Nächste!" Dieses Sprichwort gilt in der heutigen Gesellschaft wohl leider mehr als die Worte, die wir in der Bibel finden: „Liebe deinen Nächsten wie dich selbst"(3.Mose 19,18) und „Was ihr für einen meiner geringsten Brüder getan habt, das habt ihr für mich getan." (Mt 25, 40)

Dies aber sind die zentralen Aussagen Jesu, die z.B. auch im Gleichnis vom barmherzigen Samariter getroffen werden. Jesus nennt in Mt 22,5 35 das Gebot der Gottesliebe und der Nächstenliebe in einem Atemzug und bezeichnet sie als gleich wichtig.

Dieses Gebot wird im 2. Vat. Konzil deutlich entfaltet, wenn es heißt: „Das karitative Tun muss heute alle Menschen und Nöte umfassen...Diese Verpflichtung obliegt den einzelnen Menschen... "[7] Dieses Tun ist Zeugnis für die christliche Liebe, die keine Unterschiede macht zwischen Menschen verschiedener Herkunft, sozialer Hintergründe oder Religion. Jesus Christus hat den Menschen diese Liebe vorgelebt, indem er durch Städte und Dörfer zog und die verschiedensten Menschen heilte, bei ihnen einkehrte und sie als Brüder und Schwestern annahm.[8]

Gerade wenn es um die Wahrnehmung von Notsituationen geht, ist wohl das „Gleichnis vom barmherzigen Samariter" eine Bibelstelle, die besonders häufig herangezogen wird, sie ist eine der einflussreichsten Jesus – Erzählungen überhaupt. Dabei geht es in der Perikope nicht um ein distanziert-objektives zur „Kenntnis nehmen" von Not, sondern um empathisches „Sehen" von einer Per-

---

[7] 2. Vat. Konzil, Laienapostolat 8
[8] Vgl. 2. Vat. Konzil, Missionen 12

son und einer bestimmten Notsituation. Es wird deutlich, dass das Gefühl des Mitleidens und der Verbundenheit erst das spontane Helfen zur Folge hat. „Gegen die bequeme Abwehr einer Verantwortung für andere und die Erfahrung individualisierten Lebens, das sich nur für sich verantwortlich weiß, kann (…) dieses Gleichnis die Einsicht wecken, dass derjenige Gottes Willen entspricht, der sich die Not anderer an die Nieren gehen lässt und dies in aktives, helfendes Handeln umsetzt".[9] Jesus wird von einem Schriftgelehrten auf die Probe gestellt.

Der Schriftgelehrte versucht ihn bloßzustellen, ihm eine Äußerung zu entlocken, die man schließlich gegen ihn verwenden könnte. Jesus lässt sich nicht in diese Falle locken. So war die Frage „Wer ist mein Nächster?" eine vieldiskutierte Schulfrage. Jesus antwortet dem Schriftgelehrten mit seiner Beispielerzählung: „Ein Mann ging von Jerusalem nach Jericho…" Die Erzählung ist aus dem nahen und harten Leben gegriffen, da auf dieser Straße von Jerusalem nach Jericho Raubüberfälle sicher nicht selten waren. Die Gegend ist öde und felsig. Jesus spielt auch auf die Priester und Leviten an, die den Priestern in Jerusalem von Jericho aus Wasser und Brot bringen mussten und so viel auf dieser Straße unterwegs waren. Der Priester und der Levit halfen dem fast zu Tode Geprügelten nicht. Wahrscheinlich halfen sie ihm deswegen nicht, weil er ein *am ha' àrez* war, ein Ungebildeter, einer, der das Gesetz nicht kannte und deshalb als Sünder angesehen wurde. Der Priester konnte ihn nicht einmal berühren, ohne unrein zu werden. Der Levit hätte sich zwar nicht verunreinigt, aber er dachte nur an seinen Dienst im Tempel. Vom Samariter hätte man nur Hass erwartet, da in den Augen der Samariter die Juden hochmütig und streitsüchtig waren und dennoch gab Jesus in seiner Beispielerzählung gerade einen Samariter als Retter an.

Auf die provokante Frage des Schriftgelehrten: „Wer ist mein Nächster?", antwortet Jesus am Ende des Gleichnisses mit der Gegenfrage: „Wer war der Nächste?". Diese Gegenfrage zielt darauf hin zu erkennen: „Wer immer dich auch braucht, sei du der Nächste. Überlege nicht erst welche Herkunft der Andere hat, wie seine sozialen Hintergründe aussehen oder auch seine Religion. Sei einfach der Nächste."

Diese Geschichte war sicher eine Provokation gegenüber dem Wissen und den klugen Worten vieler Schriftgelehrten. Jesus sagt deutlich: „Geh hin und handle ebenso". Das Handeln bringt das Leben nicht das Wissen oder die Lehre.[10]

Die Stunden zum Gleichnis „Der barmherzige Samariter" sollen den Blick der Schüler auf Jesus richten, der uns zum Helfen auffordert, wo immer wir Not begegnen. Die Schüler werden spüren, dass Jesus auch uns sagt: „Wer immer dich auch braucht, sei du der Nächste. Überlege nicht erst

---

[9]Lachmann, S.334
[10] Vgl. ebd., S. 362 ff u. S. 499

welche Herkunft der Andere hat, wie seine sozialen Hintergründe aussehen oder auch seine Religion. Sei einfach der Nächste."

Die Folgestunden, in denen die Schüler ein eigenes Projekt planen, werden diesen Aspekt noch vertiefen.

Um die Beispielgeschichte zu verstehen, ist es nötig, auch den Hintergrund zur Zeit Jesu zu kennen. Eine wichtige Rolle spielt hier die Person des Samariters. Zur Zeit Jesu wurden die Samariter, die Bewohner der Landschaft Samarien, von den Juden verachtet und gemieden, da sie ein religiöses und nationales Mischvolk waren. Ausgerechnet ein Angehöriger dieses Volkes, ein Außenseiter, ein von den Juden Gemiedener, hilft seinem „Feind". Dies ist sozusagen der Wendepunkt in der Erzählung. Zwei Menschen, von denen Hilfe zu erwarten wäre, verweigern diese, und ein Fremder hilft. Es ist wichtig, auch den Schülern diesen „Knackpunkt" in der Geschichte nahe zu bringen.

Damit im Zusammenhang steht auch die Frage nach dem „Nächsten". Wenn der Gesetzeslehrer Jesu fragt, wer denn sein Nächster sei, so muss bei den Schülern ebenfalls diese Frage geklärt sein. Vermittelt werden muss, dass der Begriff „Nächster" eben nicht wörtlich als Banknachbar o.ä. zu verstehen ist, sondern dass derjenige der jeweils Nächste ist, der meine Hilfe benötigt.

Das Lukasevangelium

Die synoptischen Evangelien weisen hinsichtlich ihres Inhaltes und Aufbaus große Ähnlichkeiten, jedoch auch eigene Akzente auf.[11] Das Lukasevangelium ist das umfangreichste und sprachlich am sorgfältigsten ausgestaltete Evangelium. Wie das Matthäusevangelium basiert es auf dem Markusevangelium, der Logienquelle Q, sowie Sondergut.12

Die inhaltliche Gliederung dieses Buches folgt im Wesentlichen dem Faden des Markusevangeliums. Das Besondere des Lukasevangeliums liegt darin, dass in ihm jegliche Schranken durchbrochen werden. So zeigt es „Jesus als den Heiland der Sünder, der sich in seinem Erbarmen Menschen und Menschengruppen zuwendet, die im damaligen Judentum kein besonderes Ansehen genossen oder sogar allgemein verachtet waren."[13] Hierzu zählten die Armen (16,19ff), Samariter (9,51ff, 10,30ff,17,11ff), Frauen (z.B. 8,1-3), Sünder (z.B. 7,36ff) und Zöllner, wie beispielsweise Levi oder Zachäus.

Nach dem Prolog (1,1 – 4) folgt die Vorgeschichte (1,5 – 2,52) über die Geburtsankündigung und Geburt des Johannes und Jesu. Der Abschnitt 3,1 – 4,13 beschreibt dann das Handeln des Täufers und die ersten Werke von Jesu.14

---

[11] Vgl. Lachmann/Adam/Reents, S. 211.
[12] Conzelmann, S. 338.
[13] Vgl. Elberfelder Studienbibel, S. 1180.
[14] Vgl. Conzelmann, S. 339.

Ab 4,14 wird dann eine deutliche Dreiteilung des Lukasevangeliums sichtbar. Der erste Hauptteil (4,14 – 9,50) erzählt von Jesu Wirken in Galiläa. Der zweite Hauptteil (9,51 – 19,28), der hauptsächlich keine Parallelen in den anderen Evangelien hat, stellt den „Reisebericht" dar.15 Der dritte Hauptteil (19,29 – 24, 53) schildert wiederum Jesu Wirken in Jerusalem, sowie dessen Passion und Auferstehung bis hin zur Himmelfahrt.16 Die drei Hauptteile an sich sind jedoch gleichwertig.

Das Lukasevangelium und die Apostelgeschichte haben mit großer Wahrscheinlichkeit denselben Verfasser.17 Vermutlich handelt es sich dabei um den Paulusbegleiter Lukas. Hierdurch lässt sich auch eine gewisse Nähe zur paulinischen Theologie erklären. Da nur äußerst spärliche Informationen über den Verfasser bekannt sind, lässt sich auch nicht feststellen, ob jener ein Judenchrist oder ein Heidenchrist war.

Das Lukasevangelium ist das dritte Evangelium in der Reihenfolge der Bibel, jedoch sagt dies nichts über die zeitliche Abfolge der Evangelien.18 Sicher ist, dass das Lukasevangelium nach 70 und noch vor 100 nach Christus verfasst wurde. Dies lässt sich daran belegen, dass die Belagerung Jerusalems am Ende des Jüdischen Krieges und die Zerstörung der Stadt in Lk 21,20 erwähnt werden.19

Der theologische Grundgedanke bei Lukas ist die Heilsgeschichte. Jesus wird vor allem als der Heiland, der Retter der Welt und Anwalt der Armen und Außenseiter gesehen.20

Der barmherzige Samariter Lk 10, 25-37

Grundlage der Unterrichtsstunde bildet die Gleichniserzählung vom barmherzigen Samariter (Lukas 10, 25-37), wobei ich auch die Rahmenerzählung berücksichtige, in der es um ein Lehrgespräch zwischen Jesus und einem Schriftgelehrten geht, über das ewige Leben und die Frage: Wer ist mein Nächster?.

Ein Verständnis dieser Geschichte „setzt nicht voraus, dass die Kinder in Einzelheiten der Diskussion um die Frage nach der Liebe zum Nächsten eingeführt sind"21. Die Bedeutung der Erzählung gründet in der geschilderten Handlung und ist als solche für alle Schülerinnen und Schüler der verschiedenen religiösen und weltanschaulichen Bindungen wichtig.

In dieser Gleichniserzählung wird berichtet, wie ein Mensch überfallen und niedergeschlagen wird. Zwei Menschen gehen an dem Überfallenen vorbei und helfen ihm nicht in seiner Notlage, erst der

---

[15] Vgl. ebd., S. 339.
[16] Vgl. ebd., S. 339.
[17] Vgl. ebd, S.342
[18] Vgl. Bubolz, S. 207
[19] Vgl. Conzelmann, S. 343
[20] Vgl. Bubolz, S. 207
[21] Baldermann, S.99

Dritte hilft. Und dieser Dritte ist ein Fremder, von dem die Hilfe am wenigsten erwartet werden würde. Er kümmert sich um den Verletzten, versorgt seine Wunden und bringt ihn in ein Gasthaus, wo der Überfallene genesen kann.

Die Gleichniserzählung zeigt deutlich die gegensätzlichen Möglichkeiten menschlichen Handelns im Umgang mit anderen auf. Hier verbirgt sich auch der ansprechende und motivierende Charakter, der Kinder zum Nachdenken und Erzählen anregt.

Gerade in einer Lerngruppe mit hohem Ausländeranteil halte ich die Erzählung für bedeutsam, da es ja gerade kein Vertrauter, sondern ein Fremder ist, der dem Notleidenden zu Hilfe kommt und so zum Nächsten wird.

Ich halte es für sehr wichtig, mit den Schülern auf vielfältige Weise diese Problematiken zu behandeln und sie in einem dem Samariter ähnlichen Verhalten zu bestärken.

Exegese

25 Da stand ein Gesetzeslehrer auf, und um Jesus auf die Probe zu stellen, fragte er ihn: Meister, was muss ich tun, um das ewige Leben zu gewinnen?

Das Gleichnis soll ganz allgemein zeigen, „wie der Weg von der Offenbarung zum Heil gegangen werden kann."[22] Die Beispielgeschichte wird durch eine Frage „eines Meisters der Exegese"[23] eröffnet, deren Antwort für einen jüdischen Gesetzeslehrer offensichtlich war.[24] Denn die Antwort wäre der Tora zu entnehmen. Vermutlich wollte der Fragensteller Jesus bei einer „Kursabweichung" überführen[25], da Jesus selbst kein Bibelstudium aufweisen konnte.[26]

26 Jesus sagte zu ihm: Was steht im Gesetz? Was liest du dort?

Jesus jedoch entgeht dieser Provokation durch eine Gegenfrage und bringt so das Gesetz ins Spiel.[27] Nun muss der Fragensteller selbst antworten. Auffallend ist hier, dass es sich um eine doppelte Gegenfrage handelt: Jesu erste Frage bezieht sich auf den Inhalt der Schrift, seine zweite Frage jedoch auf deren Verständnis.[28]

27 Er antwortete: Du sollst den Herrn, deinen Gott, lieben mit ganzem Herzen und ganzer Seele, mit all deiner Kraft und all deinen Gedanken,und: Deinen Nächsten sollst du lieben wie dich selbst.

---

[22] Klein, S. 388.
[23] Ratzinger, S. 234.
[24] Vgl. Harnisch, S. 288
[25] Ebd, S. 288
[26] Vgl. Ratzinger, S. 234.
[27] Vgl. Harnisch, S. 288
[28] Vgl. Klein, S. 390

Hier wird nun zunächst der Wortlaut von Dtn 6,5 wiedergegeben. Daraufhin wird bruchlos das Gebot der Nächstenliebe aus Lev 19,18 angeschlossen. „Möglicherweise weiß Lukas nicht mehr, dass die Gebote in verschiedenen Büchern des Pentateuch stehen."29 Sicher ist jedoch, dass Jesus nichts anderes über diese Frage lehrt als die Tora, deren Sinn in diesem Doppelgebot vereinigt wird.30

28 Jesus sagte zu ihm: Du hast richtig geantwortet. Handle danach, und du wirst leben
Jesus bestätigt zunächst die Antwort des Gesetzeslehrers und gibt dann eine Antwort auf die Anfangsfrage mit einer Ermahnung. „Der Gesetzesfromme braucht offensichtlich keine Belehrung durch Jesus. Er weiß selbst was zu tun ist. Warum hat er dann gefragt?"31

29 Der Gesetzeslehrer wollte seine Frage rechtfertigen und sagte zu Jesus: Und wer ist mein Nächster?
Der Gesetzeslehrer fühlt sich von Jesus durchschaut und auch angegriffen, denn er hatte Jesus überführen wollen.32 Die Frage nach der Liebe zu Gott wird hier nebensächlich, da sie keine unmittelbare Handlung erfordert. Anders ist dies jedoch bei der Nächstenliebe, weshalb der Gesetzesfromme eben jene Frage stellt.33 Auch deshalb, weil zur damaligen Zeit unter dem Begriff des Nächsten eben nur „der im Volk mitlebende Beisasse"34 gemeint war.

30 Darauf antwortete ihm Jesus: Ein Mann ging von Jerusalem nach Jericho hinab und wurde von Räubern überfallen. Sie plünderten ihn aus und schlugen ihn nieder; dann gingen sie weg und ließen ihn halbtot liegen.
Jesus antwortet auf diese Frage des Nächsten hin mit einer Erzählung.
Diese erste Szene der Beispielgeschichte schildert die Ausgangssituation.35 Das anonyme Opfer wird ausgeraubt und schwer verletzt liegen gelassen. Dies soll zeigen, dass das Opfer ohne Hilfe eines Mitmenschen sterben wird.36 Die beiden Verben „ausziehen" und „schlagen" sollen verdeutlichen, dass der Mensch nackt und hilflos ist. 37Die Geschichte spielt in einer realistischen Gegend und wird deutlich beschrieben. Damit möchte der Verfasser zeigen, dass das Opfer dieser Gegend entstammt, und somit ein Jude ist.38

31 Zufällig kam ein Priester denselben Weg herab; er sah ihn und ging weiter.
32 Auch ein Levit kam zu der Stelle; er sah ihn und ging weiter.
Diese beiden Akteure empfehlen sich aufgrund ihrer Standeszugehörigkeit als Helfer.39 Das Wort „zufällig" soll hierbei unterstreichen, dass es äußerst günstiger Umstände bedarf, dass sich zu eben dieser Zeit zwei

---

[29] Ebd., S. 391
[30] Vgl. Ratzinger, S. 235
[31] Klein, S.391
[32] Vgl. ebd.
[33] Vgl. ebd.
[34] Ratzinger, S.35
[35] Vgl. Harnisch, S. 273
[36] Vgl. ebd, S. 273
[37] Vgl.Klein, S.391
[38] Vgl. Harnisch, S. 274
[39] Vgl. ebd.

Tempeldiener auf diesem Weg befinden. Der Leser erwartet gerade von diesen Dienern Gottes deren Hilfsbereitschaft, vor allem, da bei beiden Akteuren betont wird, dass sie das Opfer gesehen haben.40 Doch die Beiden versagen, entgegen aller Erwartungen, dem Opfer ihre Hilfe. Papst Benedikt XVI bezweifelt, dass es an deren Kaltherzigkeit lag, sondern glaubt eher, dass diese selbst Angst hatten oder ungeschickt waren.41 Sie dienten im Tempel und wären unrein geworden, wenn sie die Wunden des Verletzten versorgt hätten.

33 Dann kam ein Mann aus Samarien, der auf der Reise war. Als er ihn sah, hatte er Mitleid,

Im Schlussakt der Erzählung erfährt der Leser unmittelbar die Herkunft des dritten Akteurs. Und dessen Herkunft lässt hier sofort die Schlussfolgerung aufkommen, dass dieser dem verletzen Juden nicht helfen wird. Denn die Beziehung zwischen den Samaritern und den Juden war zu jener Zeit negativ behaftet.42 Samariter wurden von den Juden als unrein empfunden und daher kam es, dass die Juden jeden Kontakt mit den Samaritern vermieden.

Nun wird aber erzählt, dass gerade derjenige, von dem es nicht erwartet wurde, dem verletzen jüdischen Opfer zur Hilfe kommt.43 Denn dieser empfindet beim Anblick des Verletzten Mitleid und erbarmt sich.44 Wobei Mitleid nur die heutige Übersetzung ist. Im Evangelium gebrauchte man die Worte „das Herz wird ihm aufgerissen."45

34 ging zu ihm hin, goss Öl und Wein auf seine Wunden und verband sie. Dann hob er ihn auf sein Reittier, brachte ihn zu einer Herberge und sorgte für ihn.

35 Am andern Morgen holte er zwei Denare hervor, gab sie dem Wirt und sagte: Sorge für ihn, und wenn du mehr für ihn brauchst, werde ich es dir bezahlen, wenn ich wiederkomme.

Und der Samariter pflegt nicht nur dessen Wunden, sondern transportiert ihn in eine Unterkunft und bezahlt sogar die Pflege des Opfers. Darüber hinaus waren zwei Denare zur damaligen Zeit eine große Summe Geld, immerhin zwei Tageslöhne.46 Die Hilfeleistung des Samariters ist unerwartet und genau dies wird hier noch einmal besonders betont.47 Deutlich wird jedoch, dass das jüdische Opfer „empfangene Feindesliebe"48 erfährt. Der Samariter macht sich selbst zum Nächsten des Opfers.49

Dieses Gleichnis soll „das falsche Verhalten der geistigen Elite und das rechte Tun eines Verachteten gegenüberstellen."50

Es enthält also eine Kritik Jesu am Tempelpersonal, die jedoch durch andere Texte nicht belegt werden

---

[40] Vgl. ebd.
[41] Vgl. Ratzinger, S. 236 u. S. 239
[42] Vgl. Harnisch, S. 276
[43] Vgl. ebd. , S. 277
[44] Vgl. Klein, S. 392
[45] Vgl. Ratzinger, S. 237
[46] Vgl. Klein, S. 393
[47] Vgl. Harnisch, S. 277
[48] Vgl. ebd.
[49] Vgl. ebd.
[50] Klein, S. 389

kann.51

36 Was meinst du: Wer von diesen dreien hat sich als der Nächste dessen erwiesen, der von den Räubern überfallen
wurde?

Hier „wird der Erzähler des Gleichnisses persönlich und möchte zum Nachdenken anregen. Der
Gefragte selbst soll bestimmen, wer von den dreien dem Hilfsbedürftigen am nächsten gekommen
und damit der Nächste geworden ist."52

Und hier verändert Jesu die Eingangsfrage: Der Gesetzesgelehrte hatte gefragt, „Wer ist mein
Nächster?", d.h. Wie weit muss sich meine Hilfsbereitschaft denn erstrecken?. Nun heißt es bei Jesu:
„Wer wurde dem Bedürftigen zum Nächten? Nicht die abwartende, abgrenzende Haltung: „Was
muss ich tun?" ist dem göttlichen Willen angemessen, sondern diejenige, wo ich mich immer dort
gefordert weiß, wo ein anderer mich braucht. Das bestätigt nochmal die Antwort des Gesetzeskun-
digen:"53

37 Der Gesetzeslehrer antwortete: Der, der barmherzig an ihm gehandelt hat. Da sagte Jesus zu ihm: Dann geh und
handle genauso!

Nach der Beantwortung der Frage fordert Jesus den Gelehrten nun auf, nach eben diesem Grundsatz zu han-
deln.54 Hier wird nur die Tat hervorgehoben, aber nicht der Samariter. Die Frage nach dem Nächsten wird
allerdings nicht beantwortet, da sie theoretisch war, und somit nicht eine Handlung nach sich zieht.55 Jesus
gibt stattdessen eine Anweisung zum praktischen Handeln: Sich die Augen öffnen lassen und Notleidenden
zu helfen.56 Hier wird aber deutlich: Für Lukas ist das Doppelgebot der Liebe nicht zu trennen, im Gegenteil,
zum Erwerb des ewigen Lebens gehört die Liebe zu Jesus, und damit der Mitmenschen, und der Dank an
Gott.57

Das Gleichnis soll allen Lesern, auch den heutigen, folgende Botschaft mitteilen: „dass ich von innen her
schon Bruder all derer werde, denen ich begegne und die meiner Hilfe bedürfen."58

---

51 Klein, S. 389
52 Vgl. Klein, S. 393
53 Lachmann, S. 323
54 Ebd.,S. 388
55 Ebd., S. 394
56 Vgl. ebd.
57 Vgl. ebd.
58 Ratzinger, S. 238

Begriffsklärungen:

Levit: gehörte zum Stamm des Levi, zur Zeit Jesu waren Leviten untergeordnete Tempeldiener, sie hatten im Gegensatz zu den 11 anderen Stämmen Israels kein Land bekommen.

Gesetzeskundiger, -gelehrter: dieser Mensch kannte sich in den heiligen Schriften sehr gut aus. Er befolgte das Gesetz des Mose streng nach dem Wortlaut. Zur Zeit Jesus gab es Leute, die unter dem „Nächsten" nur einen aus dem eigenen Volk verstanden.

Jerusalem nach Jericho: abgeschiedener Weg mit Wüsten und Schluchten, ca. 30 km lang

Samarien, Samarit: Gebiet zwischen Galiläa und Judäa, die Leute, die dort wohnten, waren mit den übrigen Juden verfeindet und wurden wegen ihrer Religionsausübung abgelehnt. Ein Samariter durfte nicht in den Tempel von Jerusalem, sie galten als Heiden und Ausländer. Dass gerade ein Samariter nun zum Vorbild wird, fordert Jesu Gegner geradezu heraus.

Barmherzig: man sorgt sich mit anderen, fühlt mit ihnen mit, nimmt sich ihrer an, zeigt Nächstenliebe, Hilfsbereitschaft, nimmt sich das Leid und die Not anderer zu Herzen, erbarmt sich ihrer, wenn sie einen brauchen

Priester: Diente im Tempel, sein Amt wurde vererbt, hatte er Angst sich unrein zu machen, wenn er dem verletzten Samariter geholfen hätte?

Denare: Das sind Geldstücke, der Wert einer Münze entspricht dem Tageslohn eines Arbeiters, zur Zeit Jesu konnte man sich für einen Denar z.B. ein Schaf kaufen

vgl. hierzu Bubolz, Lachmann, Klein, Ratzinger

2.2 von der Individuallage der Klasse

In der Religionsgruppe befinden sich 11 Schüler, davon 4 Drittklässler und 7 Viertklässler, es werden aus 4 3 /4 Kombiklassen 4 Mädchen und 7 Jungen gemeinsam unterrichtet. 2 Jungen kommen aus der 3 / 4 a, 1 Junge und 1 Mädchen aus der 3 / 4 b, 3 Mädchen und 3 Jungen aus der 3 / 4c und 1 Junge aus der 3 / 4 d.

Meiner Ansicht nach ist es eine sehr gute und angenehme Lerngruppe. Sie ist motiviert, zeigt Leistungswillen und ist rege am Unterrichtsgeschehen beteiligt. Der überwiegende Teil der Gruppe zeigt großes Interesse am Fach Religion, was sich durch eine aktive Mitarbeit und fundiertes biblisches Wissen belegen lässt. Gleichwohl ist in der Lerngruppe eine Heterogenität festzustellen, was meines Erachtens u.a. darauf zurückzuführen ist, dass sich die Gruppe aus zwei verschiedenen Jahrgangsstufen zusammensetzt. Die Lernatmosphäre (im Bezug auf die LS-Interaktion) kann als positiv und konstruktiv beschrieben werden.

Die Drittklässler sind sehr interessiert an religiösen Themen. 2 Jungen haben ein großes Vorwissen und denken auch gut über Gott und sich nach und kommen zu tiefgründigen Ergebnissen. 1 Junge ist eher still im Unterricht, lernt aber fleissig und zeigt gute Leistungen, auch wenn er sehr leicht ablenkbar und verträumt ist. Das Mädchen ist auch eher ruhig.

Die Viertklässler arbeiten ebenfalls sehr interessiert. 2 Mädchen arbeiten sehr intensiv mit, melden sich viel, lesen vor, das 3. Mädchen ist eher ruhig und leistungsschwächer. 2 Jungen sind sehr leistungsstark, der eine eher ruhig, aber fleißig und ordentlich, den anderen muss man oft ermahnen. Die beiden anderen Jungen sind ebenfalls meist bei der Sache und bringen sich in den Religionsunterricht ein, aber je nach Tagesform sind sie oft eher unruhig.

Montags werden sie von einer Kollegin unterrichtet, die die restlichen Themen des Lehrplanes mit ihnen bearbeitet, mittwochs ist diese Gruppe in der Doppelstunde bei mir im Klassenzimmer meiner Betreuungslehrerin.

Die Klasse kann nur kurzzeitig sehr konzentriert arbeiten, denn einigen Schülern fällt es sehr schwer, länger bei der Sache zu bleiben und ruhig zu sein. Sie müssen dann öfter ermahnt werden, zuzuhören, zur Lehrerin zu schauen, nicht an irgendetwas herumzuspielen oder den Nachbarn zu ärgern oder unterrichtsfremde Themen zu besprechen.

Die Schüler sind Partnerarbeit, Gruppenarbeit, Sitzkreis, Bodenbilder, Bildbetrachtung, Singen von Liedern, gemeinsames Beten, das Anzünden der Kerze, die Klangschale, die Ruhe und Stille und das Sich-Äußern mittels Farbkarten gewohnt.

n der unbeliebteste Junge, neben den die anderen nicht sitzen möchten und der auch nicht zum Geburtstag eingeladen werden würde, leider ist er immer noch der Außenseiter der Gruppe.

Drittklässler:

B.: sehr ruhig, meldet sich mittlerweile aber oft, lässt sich rasch verunsichern, agiert oft mit hängenden Schultern, manchmal hilft die Erinnerung: „Sitz gerade!" Zeigt im Schriftlichen sehr gute Leistungen. Ab und an ist er aber unmotiviert und möchte nicht mitmachen.

J.: Ruhig, langsam, muss Arbeitsaufträge genauer erklärt bekommen, meldet sich selten, liest noch langsam, ist schon zweimal montags einfach heimgegangen statt in den Religionsunterricht.

N.: spricht gerne und viel, überwiegend ungefragt dazwischen. Er zappelt im Sitzkreis, fällt von Bank oder trinkt während des Unterrichts. Er hat aber oft gute Ideen und kann sehr konzentriert mit guten Ergebnissen mitarbeiten. Schreibt nicht gerne, füllt Arbeitsblätter oft mit unpassenden Worten aus, wie Nein, nicht, töten, … .

P. : Kam die ersten beiden Jahres sehr schlecht in der Schule zurecht, lt. seiner Mutter war Einschulung für ihn damals ein Schock und er verbrachte die meiste Zeit am Schulanfang unter dem Tisch.

Er ist sehr interessiert, hat auch großes religiöses Wissen, bringt gute Leistungen. Er arbeitet sehr langsam, muss immer wieder angetrieben werden. Er singt sehr gerne, Stillsitzen fällt ihm schwer:

Viertklässler:

A.: ADHS-medikamentiert, ist sehr unsicher, muss auch gerade besprochene Sachen, Arbeitsaufträge erneut nachfragen, obwohl sie zugehört hat, muss sich rückversichern, versucht mit Rebecca und Miriam mitzuhalten, was ihr aber leistungsmäßig nicht gelingt.

F.: Sehr ruhig, aber fleißig, gut und ordentlich. Vermeidet Konflikte, ordentliche Heftführung, meldet sich selten, ist aber interessiert dabei.

M.: eher ruhig, meldet sich aber, wenn sie etwas weiß oder lesen möchte. Orientiert sich an Rebecca, erzielt aber schlechtere Leistungen.

N.: Äußert immer wieder, dass Religion ja für den Übertritt nicht so wichtig sei, tut nur das Nötigste, ist aber dennoch oft konzentriert dabei.

R.: Während alle anderen Kinder römisch-katholisch getauft sind, gehört Razvan dem griechisch-orthodoxem Glauben an, er ist oft sehr laut, spanisches Temperament, spricht gerne und viel, meist ungefragt, testet seine Grenzen aus, kann sehr ruhig und brav sein und betens mitarbeiten. Wenn er aber schlecht gelaunt ist oder sauer auf einen Mitschüler, dann lässt er sich kaum beruhigen und wird richtig brutal seinen Mitschülern gegenüber. Erst in der letzten Stunde hat er Nico in den Bauch geboxt, als ich mich an der Türe von den ersten Kindern verabschiedete und er sich unbeobachtet fühlte. Er ist erst seit zwei Jahren in Deutschland in der Schule, zuvor in Spanien und Rumänien, die   Sprach-und Schreib schwierigkeiten zeigen sich in den schriftlichen Arbeiten.

R. : ruhig, meldet sich zurückhaltend, hat aber gute Ideen. Linkshänderin, verdreht Buchstaben oder lässt welche weg, lässt sich leicht verunsichern, arbeitet gewissenhaft und selbständig.

P. : Sehr guter Schüler, der aufgrund seiner wechselnden Tagesformen auch Termine bei einer Psychologin absolviert. Hat Tage, da stört er permanent, dann arbeitet er wieder bestens mit. In letzter Zeit ist er sehr motiviert dabei.

Zur Zusammensetzung der Lerngruppe ist also zu sagen, dass diese sowohl im sozialen, als auch im personalen Verhalten als heterogen zu bezeichnen ist.
Bei Unterrichtsstörungen oder Regelverstößen werden die Schüler zuerst ermahnt. Bessert sich das Verhalten nicht, bekommt der jeweilige Schüler eine gelbe Karte. Bei weiterem Stören oder unterrichtsfremden Verhalten erhält er eine rote Karte und bekommt eine Schreibaufgabe als vertiefende Nacharbeit für daheim.

Der Entwicklungsstand der Schüler ist ihrem Alter entsprechend. Bezieht man sich auf Fritz Osers und Paul Gmünders Entwicklungstheorie hinsichtlich des religiösen Urteils kann man annehmen, dass der Großteil der Schüler am Übergang zwischen Stufe 1 („deus ex machina" – „Gott kann alles" Er wirkt direkt auf die Menschen ein und der Mensch kann Gottes Handeln nicht beeinflussen) und Stufe 2 ("do ut des" – „ich gebe dir, damit du gibst" Gott wird immer noch als allmächtig gesehen, jedoch beeinflussen sich Gott und Mensch wechselseitig z.B. durch Gebete kann der Mensch Gott wohlwollend stimmen oder Strafen verhindern) steht, wobei schwer zu sagen ist, wer welcher Stufe zugehört.

Gegenwarts- und Zukunftsbedeutung

Das Thema der Nächstenliebe wird allen Schülern ein Begriff sein. Jeder von ihnen hat sicher schon einmal jemandem aus dem näheren Umfeld bei Schwierigkeiten geholfen. Außerdem glaube ich, dass die Schüler auch schon Hilfe von anderen Personen bekommen haben.

Was an dieser Stunde für die Schüler jedoch besonders bedeutsam sein könnte, ist die Tatsache, dass der Begriff des Nächsten nicht nur ihr näheres Umfeld umfasst. Die Kinder erfahren, dass auch Fremde ihre Nächsten sind. Und dazu gehören beispielsweise auch unbekannte Kinder, die sich beim Spielen auf einem Spielplatz verletzt haben. Wenn die Schüler zukünftig einen hilfsbedürftigen Mitschüler oder eine fremde Person sehen, dann könnten sie sich an das Gleichnis des barmherzigen Samariters zurückerinnern. Und daher dem Mitmenschen oder dem Nächsten helfen, unabhängig davon, ob sie diesen gern haben oder nicht.

Zunächst einmal lernen die Schüler einen grundlegenden Text der Bibel kennen bzw. setzen sich intensiv mit dem Text und seiner Bedeutung für das eigene Leben auseinander, was ja eine Forderung des Fachprofils Katholische Religionslehre ist.

Sie müssen sich Gedanken darüber machen: auch ich kann einmal – verschuldet oder unverschuldet – in eine Notlage geraten. Dann möchte auch ich, dass mir jemand hilft. Dabei ist es mir wahrscheinlich egal, wer derjenige ist, der mir hilft.

Aber auch aus umgekehrter Sicht können die Schüler aus dem biblischen Beispiel etwas für ihre eigene Lebensgestaltung lernen z.B. unter der Fragestellung „Wem helfe ich?" oder „Wie kann ich anderen helfen?" Für die eigene Lebensgestaltung sollen sich die Schüler vor allem die Nächstenliebe zu eigen machen. Diese kann sich z.B. äußern in Zivilcourage. Wenn ein Kind oder Jugendlicher die Bereitschaft und dem Mut zeigt, dazwischen zu gehen, wenn sich auf dem Pausenhof zwei Schüler prügeln, ist dies auch schon praktizierte Nächstenliebe.

2.3   Didaktische Reduktion

Die Didaktische Reduktion und Elementarisierung erfolgen im Hinblick auf die Sachanalyse und unter Berücksichtigung der Individuallage der Lerngruppe:

Das ausführliche Streitgespräch zwischen Jesus und dem Schriftgelehrten, der ihm eine Fangfrage stellen wollte, habe ich in der letzten Stunde erzählt und dann gekürzt auf das Wesentliche, nämlich darauf: „ Und wer ist mein Nächster?"

Da das Gleichnis für eine UZE zu umfangreich ist, erfolgt die Erschließung des Inhalts und dann natürlich auch des Gehalts verteilt auf 3 Unterrichtsstunden.

Die Geschichte wird nicht aus der Bibel vorgelesen, sondern in einer freien Lehrererzählung vorgetragen; da Kinder in diesem Alter entwicklungspsychologisch (vgl. Piaget) noch stark an Anschauung gebunden sind, bedeutet dies, dass die Schüler stark emotional mit in die Erzählung hineingenommen werden müssen. Das Bodenbild veranschaulicht die Geschichte zusätzlich.

Die Beschäftigung mit der Thematik Not, Leid, Nächstenliebe, Hilfsbereitschaft ist wie oben erwähnt implizit Teil der Lebenswelt der Schüler. Der Religionsunterricht bildet hierbei einen Raum für weitere Erfahrungen.

Die Beantwortung der Frage: „Und wer ist mein Nächster?" wird so erfolgen, wie sie der Gesetzesgelehrte Jesu gestellt hat und ich werde sie nicht so verändern, wie Jesus sie umgedreht hat in: „Wer wurde dem Verletzten zum Nächsten?"

Dieses Umdenken würde die meisten meiner Schüler überfordern, daher erfolgt der Arbeitsauftrag so, dass die Schüler evtl. selbst auf die Antwort kommen können: „Mein Nächster ist jeder, der gerade meine Hilfe benötigt".

Das szenische Nachstellen erfolgt in Gruppen, die den verschiedenen Anforderungen entsprechend ausgewählt wurden. Ein redegewandter, stärkerer Schüler spielt zusammen mit einem schüchterneren schwächeren.

Falls alle Kinder da sind, bleibt 1 Kind alleine. Da Ben sowieso nicht gerne vorspielt, wird er alleine nur den Text sagen, den der Samariter zum Wirt sprach, als er am nächsten Tag die Herberge verlassen musste, um seine Reise fortzusetzen.

3. Methodisches Vorgehen

3.1 Kommentierter Sitzplan

Tischfarbe: Leistungsstärke in katholischer Religionslehre   stark, mittel, schwach

Viertklässler: Name „normal",   Drittklässler Name *kursiv*

☐ Verständnis von Arbeitsaufträgen mittel   🟢 Schülerpersönlichkeit strebsam, gewissenhaft

🟧 niedrig   🔴 impulsiv, antreibend, laut

🟩 hoch   🔵 zurückhaltend, ausgeglichen

Auswertung des Soziogrammes:

♥ überwiegend ablehnende Stimmen erhalten

💚 überwiegend zustimmende Stimmen erhalten

💙 gleich viele ablehnende wie zustimmende Stimmen erhalten

3.2 Plan der Durchführung

Zeit	Artikulation	Unterrichtsverlauf	Sozial-form	Medien / Methoden
0	**Vorphase**	SuS begrüßen die Lehrerin und den Besuch ritualisierter Stundenbeginn Einstimmung auf den Religionsunterricht		Kerze Klangschale Lied Sitzkreis
	Überleitung	L zeigt Bild, darauf Jesus, Schriftgelehrter und andere Menschen		Bk, und Don Bosco-Erzähltheater stummer Impuls
5	**Anfangsphase** Motivation Reaktivierung von Vorwissen	 SuS beschreiben, was sie sehen und wissen L: Welche Fragen stellte der Schriftgelehrte Jesu? SuS: Was muss ich tun, um immer mit Gott verbunden zu sein? Wer ist mein Nächster? L: Was antwortete ihm Jesus? SuS: Er erzählte eine Geschichte! SuS wiederholen ersten Teil des Gleichnisses	 UG	 BK Auge, Glühbirne Sprechblase Bk, Legen der Farbkarten
	Überleitung Problemstellung	L: Was meinst Du, passiert als Nächstes? SuS stellen Vermutungen an, wie es nun weitergehen könnte	UG	Wörtlicher Impuls
10	**Erarbeitungs-phase** Zielangabe	L beginnt mit Weiterführung der Erzählung Einbindung der SuS in die Erzählung und Äußerung von Vermutungen Unterbrechung der Erzählung L: Du hast bestimmt eine Idee, wie die Geschichte heißt!	Lehrerer-zählung UG	Bk und Don Bosco-Erzähltheater Farbkarten Beutel mit Geld wörtlicher Impuls

schriftliche, eigenständige Erarbeitung Auseinandersetzung mit Teilen der Erzählung	„Der barmherzige Samariter" L: Wir wollen nun ein paar Gedanken, ein paar Szenen aus der Erzählung „Der barmherzige Samariter" nachspielen, dazu gibt es verschiedene Gruppenaufträge			Tafelanschrift
	Die SuS bearbeiten den jeweiligen Arbeitsauftrag	GA		AA/ AB
Ergebnispräsentation	Präsentation der Ergebnisse			
Überleitung	L: Gibt Jesu dem Schriftgelehrten mit der Geschichte eine Antwort auf seine Frage?			Wörtlicher Impuls

28	**Vertiefungsphase** **Transfer auf den Gelehrten**	SuSvermutungen		
		L: Ich erzähle Dir nun, was Jesus dem Schriftgelehrten antwortete	Lehrererzählung	
		Fortsetzung der Geschichte	UG	
		L: Du bekommst von mir eine Sprechblase. Schreibe bitte Deine Antwort hinein auf die Frage: Wer ist denn mein Nächster?		
	Erarbeitung	Schüler schreiben Antworten in Sprechblasen	EA	AA, Sprechblase
	Ergebnispräsentation	SuS stellen ihre Arbeiten vor	UG	Sitzkreis
		L: Dein Nächster ist nicht nur der, den du besonders gut leiden kannst, den du kennst oder mit dem du befreundet bist, sondern ...		
	Reflexion, dabei Bezug zur Lebenswirklich-	SuS: Der Nächste ist immer der, der gerade meine Hilfe braucht, der in Not ist.		Sprechblase zu Jesu

		keit der Schüler		
		L.: Nachdem Jesus dem Schriftgelehrten die Geschichte erzählt hatte, sagte er zu ihm: Geh und mach es genauso wie der Samariter. Jesus will auch dir damit etwas sagen!		
		SuS: Ich soll auch meinem Nächsten helfen und es ebenso machen wie der Samariter.		
		L: Wie könntest Du auch so handeln? Wer könnte Dein Nächster sein und Deine Hilfe benötigen?		
		SuS nennen Beispiele und erzählen zur Hand Möglichkeiten des Helfens		Hand mit Aufschrift: Dann geh und mach es genauso!
		L: Wem hast Du schon geholfen? L: Jesus will uns auffordern, nicht wegzuschauen vor anderer Not und Leid, sondern uneigennütz und ohne Vorurteile zu helfen und zwar jedem. Nicht nur dem, der Dein Freund ist, den Du gut kennst. Sondern allen, denen es nicht so gut geht und die Deiner Hilfe bedürfen.		
42	**Schlussphase**	Abschlusslied: SuS verabschieden die L und die Gäste	Sitzkreis	Lied: „Herr gib´du uns Augen, die den Nächsten sehn" Abschlussritual

4.   Begründung der didaktisch-methodischen Entscheidungen

Die Kinder kennen das Gleichnis und wissen wen Jesus und damit auch wir als unseren Nächsten ansehen. Meine weitere Zielsetzung in Bezug auf die Gleichniserzählung geht in die Auseinandersetzung über vergleichbare alltägliche Situationen der Kinder.

Eine Perspektive soll eröffnet werden, die den Kindern Handlungsmöglichkeiten und neue Denkansätze im Umgang mit in Not geratener Mitmenschen/Mitschüler anbieten kann und bestenfalls ein Beitrag zur Gewaltprävention sein kann. Eingreifen bevor Gewalt entsteht und tätig werden, wenn ein Mensch Hilfe benötigt, sind Verhaltensweisen, die selbstverständlich sein sollten, in der heutigen Zeit aber leider zu Verhaltensidealen geworden sind, weil sie von vielen Menschen nicht mehr in Betracht gezogen werden.

Die Kinder können sehen, dass Nichts-Tun, untätig sein, genauso falsch sein kann, wie Unrechtes tun und aktives falsches Handeln.

Auftretende Begriffsschwierigkeiten, wie z.B. „Samariter" werden kurz erklärt, so dass ich keine Schwierigkeiten bei den Schülern erwarte. Der Ausdruck „Barmherzigkeit" wird ebenfalls geklärt werden, allerdings erwarte ich mir hier eigentlich keine Schwierigkeiten bei den Schülern.

Vorphase:

Der ritualisierte Anfang soll auch in der Stunde der Besonderen Unterrichtsvorführung beibehalten werden, da die Kinder ihn gewohnt sind und so auf den Religionsunterricht eingestimmt werden. Auch wenn er Zeit kostet, ist er unabdingbar für den Stundenverlauf.

Dabei sammeln wir uns alle im Sitzkreis, es zündet zuerst ein Schüler unsere Religionskerze an und danach darf ein Schüler die Klangschale schlagen, damit es ruhig wird, ein weiterer darf aussuchen, ob ein Gebet gesprochen oder ein Lied gesungen wird.

Anfangsphase:

Motivation und Reaktivierung von Vorwissen

Zu Beginn der Stunde möchte ich die Aufmerksamkeit der Klasse durch einen stummen Impuls erreichen, indem das Erzähltheater geschlossen präsentiert und eine Art Bühnenbild sichtbar wird, welches der Hintergrund und der Schauplatz für die später auftretenden Figuren der Geschichte sein soll. Die Kinder kennen das Theater schon von der Vorstunde. Das ihnen bekannte Bild 1, das den Schriftgelehrten und Jesu zeigt, erscheint nach Öffnen der Türen.

Durch das Betrachten des Bildes wird das Vorwissen der Schüler reaktiviert und sie werden auf die folgende Jesus-Erzählung eingestimmt. Dieser stumme Impuls fokusiert die Aufmerksamkeit der Kinder und regt ihre Fantasie an, bringt sie zum Nachdenken und macht sie neugierig auf die Fortsetzung der Erzählung. Da die Kinder schon öfter mit mir eine Bildbetrachtung durchgeführt haben, kennen sie die Vorgehensweise mit: „ich sehe", dann „ ich denke" und später „ich weiß". Ich möchte mit dem Bild erreichen, dass die Schüler sich innerlich auf eine biblische Erzählung einstellen und sich noch erinnern, welche Frage der Gelehrte Jesus gestellt hatte.

Ich habe mich für den Sitzkreis entschieden, da so alle Kinder gut auf die Bilder sehen können und wir viele Geschichten generell hier erzählen.

Das vom Don Bosco-Verlag zur Verfügung stehende Unterrichtsmaterial ist von den Menschen, Farben und der gesamten Gestaltung sehr ansprechend und daher habe ich es für diese Unterrichtsstunde ausgewählt, auch Jesus ist passend dazu gut verbildlicht.

Problemstellung

Da in der letzten Stunde ein Mädchen krank war, ist es ein guter Grund, den Verlauf des Gleichnisses von den Kindern erzählen zu lassen. So kann ich sehen, was sie sich gemerkt haben und vor allem auch die Frage: Wer ist mein Nächster? wird so ganz selbstverständlich wiederholt.

Erarbeitungsphase:

Das Vortragen der Erzählung wird durch das Erzähltheater und das sich entwickelnde Bodenbild visuell unterstützt. Die Schüler werden an entsprechenden Stellen aufgefordert, sich in Personen hineinzuversetzen und Vermutungen zu äußern, was diese sagen oder denken könnten.

Das Bodenbild hilft den Schülern, sich die Erzählung zu merken, das Hineinversetzen in die Personen fördert die Empathiefähigkeit, bindet die Kinder gleichzeitig in die Geschichte mit ein und hilft, die Aufmerksamkeit der Schüler aufrechtzuerhalten, sie auf die zentrale Ebene der Geschichte zu lenken. Der Ablauf der verbalisierten Geschichte wird durch das Visualisieren verdeutlicht.

Dieses mehrkanälige Lernen regt auf verschiedenen Ebenen Behaltensprozesse an, wodurch ein größerer Lernzuwachs bzw. eine bessere Behaltensleistung erreicht werden kann.

Die Kinder hören aufmerksamer zu, weil sie evtl. so auch einen Teil der Bodenbildgestaltung übernehmen können, also lenkt das Bodenbild über den spielerischen Charakter die Aufmerksamkeit und Motivation auf die Erzählung. Da wir öfter mit Farbkarten über unsere eigenen Gefühle, wie es uns gerade geht, sprechen, dürfte die Farbwahl den Kinder nicht schwer fallen.

Freie Lehrererzählung

Damit die Schüler das Gleichnis gut verstehen können, sollte sie in einer einfachen Sprache und gut moduliert vermittelt werden, so dass die Schüler gut zuhören können und die Erzählung an Spannung gewinnt. Deshalb ist es wichtig, dass sie im Präsens erzählt wird, weil dies die Geschichte gegenwärtiger wirken lässt und die Spannung erhöht.

Da das Wissen, dass die Jerusalemer und die Samariter zur damaligen Zeit eine Abneigung gegeneinander hatten, für das Verständnis des Gleichnisses sehr wichtig ist, habe ich dies in einem zusätzlichen Satz im Text erläutert.

Ich denke, dass die Schüler von ihrer Entwicklung her durchaus in der Lage sind, diesen biblischen Text zu verstehen. Meiner Meinung nach würde eine zu starke Reduktion des Textes zum einen dessen Ursprungsintention verfälschen, zum anderen aber auch die Schüler unterfordern. Da die Geschichte zusätzlich noch mit Bildern dargestellt wird, denke ich, dass sie auch schwächere Schüler gut verstehen werden.

Einbindung der Schüler in die Erzählung

Die Schüler werden immer wieder dazu angeregt, über die Gedanken und Gefühle des Verletzen und der anderen Beteiligten nachzudenken, wodurch ihre Empathiefähigkeit gefördert wird und sie sich mit der Person des Hilfebedürftigen intensiv auf einer emotionalen Ebene auseinandersetzen. Da auch die Zielangabe von den Schülern selbst kommen sollte, kann sie erst an der Stelle der Erzählung erfolgen, an der den Kindern sowohl der Name Samariter als auch die Tatsache, dass dieser dem Verletzten hilft, bekannt ist.

Zielangabe

Nachdem die Kinder das Gleichnis fast ganz kennen, ist es ihnen möglich selbständig mit Lehrerhilfe den Namen des Gleichnisses zu nennen.

Die Gruppenarbeit und das Einüben des Nachspielens einzelner Szenen der Geschichte soll zur Festigung des Inhalts dienen und darauf vorbereiten, den Gehalt zu erarbeiten. Innerhalb eines daran anschließenden Rollenspiels sollen die Kinder ihre Partizipationskompetenz schulen und selbst in die verschiedenen Rollen der handelnden Figuren schlüpfen. Die Fähigkeit sich einzufühlen und auch andere Sichtweisen als die eigene zu überdenken und zu artikulieren, sollte innerhalb der Unterrichtsstunde erreicht werden.

In Kleingruppen bzw. in Zweiergruppen mit ihrem Leistungsniveau angepassten Arbeitsaufträgen setzen sich die Schüler noch einmal intensiv mit der Geschichte auseinander. Dies ist nötig, damit das Wissen gefestigt wird und das Besondere an Jesus Sichtweise der Nächstenliebe und an dem Auftrag an uns alle wirklich verstanden und begriffen wird. Die Lehrerin kann auf diese Weise überprüfen, ob die Schüler die Kernaussage der Unterrichtsstunde bereits verinnerlichen konnten. Die Kinder äußern Gedanken bestimmter Protagonisten und stellen ihr Wissen bildlich und szenisch dar. Da anschließend die Ergebnisse allen Schülern vorgestellt werden, setzen sich die Kinder auch mit den Arbeitsaufträgen der anderen Gruppen auseinander.

Ein Sozialformwechsel erscheint mir nach der langen Phase des Sitzkreises angebracht, da viele Schüler im Sitzkreis oft herumalbern. Dies könnte bei Patrick, Nico oder ab und an auch Razvan oder Paul der Fall sein.

Da die Schüler wissen, dass die Ergebnisse präsentiert werden sollen, ist ihre Anstrengungsbereit-schaft sicher sehr hoch in dieser Phase der Stunde.

Für Gruppe 1

habe ich Schüler gewählt, die nicht gerne Theater spielen, die aber dennoch kreativ handeln können. Die Kinder müssen sich intensiv überlegen, wie die einzelnen Personen in dieser besonderen Situation stehen, wie ihr Gesichtsausdruck ist, wenn sie etwas bestimmtes denken.

Hier können sie ruhig stehen und nur reden ohne richtig „schauspielern" zu müssen. Dies passt am besten zu Paul, daher ist er mit Fabian zusammen in dieser Gruppe.

Gruppe 2

Die Kinder setzen sich damit auseinander, welche Gedanken der Verletzte wohl hat, als der Priester an ihm vorübergeht ohne zu helfen. Auch der Priester denkt sicher etwas. Dieses sollen sie auf-schreiben und uns später vorspielen. Dies wird Kindern mit mittlerem Leistungsniveau zugetraut, hier Razvan und Julie.

Gruppe 3

Hier setzen sich die Kinder mit den Gefühlen des Leviten und des Verletzten auseinander und sie sollen uns dies auch vorspielen. Patrick und Nico sollen diese Aufgabe übernehmen.

Gruppe 4

Nun sollen die Kinder nachspielen, wie der Samariter dem Mann geholfen hat und was beide dabei fühlen.

Dies werden Alina und Miriam übernehmen

Gruppe 5
Nun wird die Antwort auf die Frage des Schriftgelehrten und das Gespräch mit Jesus wiederholt.
Dies ist sicher sehr anspruchsvoll und wurde den leistungsstärksten Schülern zugetraut, da die Szene der Religionsgemeinschaft vorgespielt werden soll, dies sollen Noah und Rebekka übernehmen.

Gruppe 6
Da immer nur 2 Personen pro Arbeitsauftrag vorkommen, bleibt bei voller Schüleranwesenheit nur noch Ben über. Er soll darstellen, was der Samariter am nächsten Tag zum Wirt sprach. Falls ein Schüler krank ist, fällt dieser Arbeitsauftrag weg und Ben übernimmt die Rolle des abwesenden Schülers.

Die Präsentation der einzelnen Gruppen erfolgt nun vorne an der Tafel, damit die Schüler zentriert auf die Gruppe sehen können.

Nun wird die biblische Erzählung noch zu Ende vorgetragen.
Jesus zeigt hier eine neue Sichtweise der Nächstenliebe, denn früher half man nur den Menschen aus dem eigenen Volk, keinen Fremden. Jesus kann Menschen verändern und lädt ALLE Menschen ein, ihm nachzufolgen. Er fordert den Gelehrten auf, genauso zu handeln, er erwartet dies auch von uns. Und der Nächste ist immer der, der gerade meine Hilfe braucht. Demjenigen, dem ich helfe, wenn er in Not ist, dem bin ich der Nächste. Dies soll im vertiefenden Unterrichtsgespräch herausgearbeitet werden.

Vertiefungsphase:

Nach der Vorstellung der einzelnen Gruppenarbeiten und Schüleräußerungen wird die Kernaussage der Geschichte ganz explizit auf die Erfahrungswelten und Erlebnisse der Kinder übertragen werden. Vor dem Ende der Erzählung unterbreche ich und die Schüler sollen nun darüber nachdenken, was denn die Antwort auf die Frage des Gelehrten: „Wer ist mein Nächster?", sein könnte. Dies geschieht nun in Einzelarbeit auf den Plätzen, da dort ihre Mäppchen sind und sie so in Ruhe schreiben können. Jedes Kind soll sich für sich Gedanken machen, daher wurde an dieser Stelle keine Partner- oder Gruppenarbeit gewählt.

Im Anschluss daran erfolgt ein Transfer auf die Lebenswelt der Kinder, sie sollen sich nun Gedanken darüber machen, was uns diese biblische Geschichte sagen möchte. Sie sollen darüber nachdenken, wer unser Nächster ist, wer in der Geschichte richtig handelte.

Die Präsentation der Ergebnisse erfolgt im Sitzkreis, da dabei die Bilder betrachtet werden können und das Unterrichtsgespräch so besser erfolgen kann.

Die Kinder erzählen ihre Vermutungen und äußern sich dazu. Es wird sicher zur Sprache kommen, dass das Verhalten der beiden anderen komisch, unerwartet und nicht gut war und dass der Samariter sich als einziger gut, richtig, barmherzig und von Nächstenliebe angetrieben verhielt.

Die Unterrichtsstunde hat sowohl eine kognitive, als auch eine affektive Intention, die eng miteinander verbunden sind. Im ersten Teil der Stunde soll zunächst der kognitive Bereich stehen. Die Schüler sollen die Beispielerzählung des Barmherzigen Samariters kennen lernen bzw. ihre Erinnerungen auffrischen und die zentralen Aussagen der Erzählung verstehen. Sie sollen erkennen, dass derjenige mein Nächster ist, der meine Hilfe braucht und dass auch sie Nächstenliebe und Barmherzigkeit an jedem, der Hilfe braucht, praktizieren können. Ferner sollen die Kinder erkennen, dass es nicht nur falsch sein kann „Böses zu tun", sondern auch „Gutes zu unterlassen".

Die Schüler können sich und ihre Lebenswelt in dem Gleichnis wiederfinden und verstehen, dass Jesus sie durch das Gleichnis anspricht und ihnen zeigen will, wie sie handeln sollen.

Das offene, unvoreingenommene Zugehen auf andere, auch auf Außenseiter, unsere Zuwendung zu anderen Menschen, kann auch in unserer Zeit, in den Beziehungen der Menschen in unserer Gesellschaft Erstaunliches bewirken.

Die Kinder können nun erzählen, wem sie schon einmal geholfen haben oder sie überlegen, wem sie in Zukunft helfen könnten. Oder sie erzählen von Situationen, in denen andere, auch Erwachsene, einem Hilfebedürftigen eben nicht geholfen haben und sich nicht als Nächste erwiesen.

In der Geschichte vom barmherzigen Samariter kommt vieles von dem vor, was Hände tun: dass sie Böses anrichten, dass sie nicht helfen, aber auch, dass sie helfen und Gutes tun.

Wem wir Gutes tun können, müssen wir immer wieder selbst herausfinden.

Indem jeder, der möchte, zur herumgereichten Hand etwas sagt, ist sichergestellt, dass die Kinder begriffen haben, was Jesus uns mit dem Gleichnis sagen möchte.

Schlussphase:

Hier findet die Stunde ein ritualisiertes Ende mit gemeinsamen Singen des Liedes,.das von mir thematisch durch das Ersetzen des Orginalwortes „Nachbarn" durch „Nächsten" leicht verändert wurde, um den roten Faden der Stunde weiterzuführen. Mit dem Singen eines Liedes und die Verabschiedung findet der Religionsunterricht ein ritualisiertes und harmonisches Ende.

→ Die vorgeschlagenen Methoden und Handlungsformen bieten also einen abwechslungsreichen Unterrichtsverlauf, bei dem unterschiedliche Lerntypen und Zugänge angesprochen werden. Mit den variierenden Handlungsformen von Lehrererzählung, Erzähltheater, Gestaltung des Bodenbildes, Einzelarbeit, Gruppenarbeit und deren Präsentation und Unterrichtsgespräch werden die Schüler auch nicht durch zu viele wechselnde Formen überfordert, aber auch nicht unterfordert, da in der Differenzierung der Gruppenaufträge und der Arbeitsblätter auf die verschiedenen Leistungsniveaus Rücksicht genommen wurde.

5. Anlagen

(Bilder wurden aus urheberrechtlichen Gründen vor der Veröffentlichung entfernt.)

5.1 Lehrerzählung

<u>Lehrererzählung: Der barmherzige Samariter</u>

Kursiv markiert: Lehrerimpulse, Lehrerhandeln/Schülerhandeln

Stummer Impuls, Bild 1 (Es wurden das Biblische Erzähltheater verwendet!)
Karte mit Auge: Bedeutung Kindern bekannt: Was siehst Du, nur mit Deinen Augen?
Karte mit Herz: Was denkst Du, was glaubst Du, um was es bei der Geschichte geht?

Damals, zu der Zeit, in der sich unsere Geschichte ereignete, staunten viele Leute über Jesus. Warum redet er anders als andere Menschen? Warum geschehen dort, wo er auftaucht, so sonderbare Dinge?
Selbst die Gelehrten können sich das oft nicht erklären. Sie sind misstrauisch. Ist das wirklich alles richtig, was dieser Jesus tut und sagt?
Darum überlegt sich einer der Schriftgelehrten eine besonders schwierige Frage: „Sage mir, Jesus!", so fragt der kluge Mann, „ Was muss ich tun, um immer mit Gott verbunden zu bleiben, um das ewige Leben zu erlangen?"

Was wird Jesus darauf antworten? SuSäußerungen

Jesus antwortet mit einer Gegenfrage: Was liest Du im Gesetz, was steht dort? Der Schriftgelehrte spricht: Du sollst Gott lieben von ganzem Herzen und ganzer Seele und liebe Deinen Nächsten wie Dich selbst. Jesus entgegnet ihm daraufhin: Du hast richtig geantwortet, handle danach und du wirst leben!
Der Gelehrte will seine Frage rechtfertigen und fragt: Und wer ist mein Nächster?

Karte mit Glühbirne: Ich weiss nun..., Sprechblase zum Gelehrten legen lassen

Jesus sagt zu dem Schriftgelehrten: „ Hör zu! Und dann erzählt er ihm eine Geschichte.

Es war einmal ein Mann, der ging den weiten Weg von Jerusalem nach Jericho. Der Weg war steil und führte durchs Gebirge, an gefährlichen Schluchten vorbei.

Da sprangen plötzlich Räuber hinter einem Felsen hervor. Sie schlugen den Mann nieder. Sie zerrten an seinen Kleidern, sie nahmen alles mit, was er bei sich hatte.

So schnell wie sie gekommen waren, so schnell waren die Räuber auch wieder verschwunden. Schwer verletzt ließen sie den Mann einfach liegen. Er konnte sich kaum bewegen.

Was denkt der Verletzte nun wohl? SuSäußerungen

Er dachte: Wer soll mich denn hier finden? Aber es blieb ihm nichts anderes übrig als auf Hilfe zu warten. Und er wartete und wartete, er wartete sehr lange.

Endlich hörte der Verletzte Schritte. Ein Mann kam den Weg entlang, es war ein Priester.

Was sagt der Verletzte wohl? Wie reagiert der Priester?

„Hilfe, ich brauche Hilfe", stöhnte der Verletzte, so laut er konnte.
 Doch der Priester hörte nicht auf ihn. Er schaute ihn nicht einmal an, er ging einfach weiter.

SuSvermutungen

Für eine lange Zeit blieb alles still. Dann hörte der Verletzte wieder Schritte. Diesmal kam ein Levit vorbei, ein Diener des Priesters. Als er ganz nah an der Stelle war, an der der Verletzte lag, wandte er den Kopf in eine andere Richtung. Seine Schritte wurden immer schneller. Auf den Verletzen am Wegesrand achtete er nicht.

Wie fühlt sich der Verletzte wohl? Wähle eine passende Farbkarte
Freie SuSäußerungen
Klärung: Aufgabe Priester, Levit, Tempel: Hielten sich sogar ans Gesetz, wären
unrein geworden, wenn sie die Wunden versorgt hätten, Kinder lesen in
Schülerbibel nach und finden Antworten selbst
Haben wir nun eine Antwort auf die Anfangsfrage des Gesetzesgelehrten bekommen?

SuSäußerungen
Nächste Woche erfährst Du, wie die Geschichte, die Jesus dem Gelehrten als
Anwort auf seine Frage: WER IST DENN MEIN NÄCHSTER? erzählt, weitergeht...

Einstieg 2. Stunde mit Bild 1
SuSäußerungen, Karte mit Glühbirne dazu, Frage des Gesetzesgelehrten als
Sprechblase, Jesus erzählt statt einer direkten Antwort eine Geschichte ....
Kinder wiederholen bisher Geschehenes, Bildkarten dazulegen

Nun erzähle ich Dir, wie es weitergeht in Jesus Erzählung

Bild 7

Als der Verletzte ein drittes Mal Schritte hörte, mochte er gar nicht mehr seinen Kopf heben. Dann aber schaute er doch hoch. Der Fremde, der jetzt den Weg entlang kam, ritt auf einem Esel. Er war anders gekleidet als die anderen Männer. Er war kein Jude. Er kam aus einem anderen, verfeindeten Land, aus Samaria. Menschen aus Samaria wurden Samariter genannt.

Was meinst Du, was dieser Mann getan hat?

Genau, er ging nicht vorbei. Er stieg von seinem Esel und beugte sich über den Verletzen. „Was ist mit Dir geschehen, fragte er besorgt?"

Bild 8

Karten mit Auge, Herz

Als der Samariter merkte, dass der Mann vor Schmerzen kaum sprechen konnte, wurde er von Mitleid ergriffen, holte Öl und Wein aus seinem Gepäck. Damit versorgte er die Wunden. Er legte dem Mann einen Verband an und half ihm vorsichtig auf. Dann setzte er den Verletzen auf seinen Esel und führte das Tier bis zur nächsten Herberge.

Wie fühlt sich der Verletzte als die beiden vorbeigingen? Wie fühlt er sich nun?
LEGEN DER FARBKARTEN

Bild 9

Dort sollte sich der Verletzte erst einmal ausruhen. Die ganze Nacht blieb der Samariter bei ihm und wachte an seinem Bett. Das tat gut.

Bild 10

Am nächsten Morgen musste der Samariter weiterziehen. Er gab dem Wirt 2 Denare und sprach: „Ich bitte Dich, pflege den Mann gesund. Und wenn Du mehr Geld brauchst, so werde ich es Dir geben, wenn ich wiederkomme. 1 Denar war damals ein ganzer Tageslohn, also gab er dem Wirt...?
SuSfortsetzung
Von einem Denar konnte man sich z.B. ein Schaf kaufen

Unterbrechung der Erzählung, Vertiefung durch Gruppenarbeit

Damit endet Jesus Geschichte. Jesus sieht den Schriftgelehrten erwartungsvoll an. Der Schriftgelehrte sieht Jesus erwartungsvoll an, denn er will ja eine Antwort auf seine Frage.

Welche Frage hatte der Schriftgelehrte denn gestellte? Wiederholung durch SuS
Gibt uns Jesus eine Anwort auf diese Frage durch die Geschichte?

Was meinst Du? Will Jesus jetzt von dem klugen Mann wissen. „Steckt in der Geschichte eine Antwort auf Deine Frage: „Wer von diesen dreien hat den Mann, der von den Räubern überfallen wurde, wie seinen Nächsten behandelt und wurde damit dem Verletzten zum Nächsten?

Unterbrechung der Erzählung mit Arbeitsauftrag an SuS
Wer hat in der Erzählung das Richtige getan, um immer mit Gott verbunden zu bleiben und warum? Wer hat Gottes- und Nächstenliebe gezeigt?

SuSäußerungen

Der Gelehrte muss nicht lange überlegen und antwortet: Der Samariter natürlich. Der Priester und der Levit, die gehen einfach vorbei. Der Samariter aber, der dem Verletzten hilft, der handelt richtig und zeigt sich barmherzig.

Was bedeutet barmherzig?

Er hat Mitleid, er erbarmt sich seiner, er lässt ihn nicht alleine, er sieht seine Not und handelt. Jesus lächelt und sagt: Du hast recht. Drum geh nun und handele ebenso.

Was ist das Besondere?`
Samariter und Juden waren damals verfeindet. Früher half man nur dem aus dem eigenem Volk, nur dieser war der Nächste...
Nun hilft er einem aus einem anderen Volk. Einem, den er gar nicht kannte.

Arbeitsauftrag an die SuS
Du gehst nun auf Deinen Platz, ich habe eine Sprechblase für Dich. In diese

schreibst Du die Antwort auf die Frage des Schriftgelehrten. Und wer ist mein
Nächster?

Danach Ergebnispräsentation im Kreis und Klärung von:
Geh und mach es genauso!

5.2 Bodenbild

GRUPPE 1

Jesus und der Schriftgelehrte

Der Schriftgelehrte überlegt sich für Jesus eine besonders schwierige Frage. Jesus antwortet ihm mit einer Gegenfrage. Danach fragt der Gelehrte weiter. Jesus erzählt ihm daraufhin das Gleichnis „Der barmherzige Samariter".

Arbeitsauftrag:

Spiele die Szene so nach, wie sie in der Bibel steht.

Was denkst, machst und fühlst Du?

50

GRUPPE 2

Der Priester sieht den Verletzten

Nachdem der Mann von Räubern ausgeraubt wurde, liegt er verletzt am Boden. Er hört einen Menschen kommen.

Arbeitsauftrag

Spiele die Szene so nach, wie sie in der Bibel steht.

Was denkst, machst und fühlst Du?

47

GRUPPE 3

Der Levit sieht den Verletzten

Nachdem der Mann von Räubern ausgeraubt wurde, liegt er verletzt am Boden. Er hört einen Menschen kommen.

Arbeitsauftrag

Spiele die Szene so nach, wie sie in der Bibel steht.

Was denkst, machst und fühlst Du?

48

GRUPPE 4

Der Samariter sieht den Verletzten

Nachdem der Mann von Räubern ausgeraubt wurde, liegt er verletzt am Boden. Er hört einen Menschen kommen.

Arbeitsauftrag

Spiele die Szene so nach, wie sie in der Bibel steht.

Was denkst, machst und fühlst Du?

GRUPPE 5

Jesus und der Schriftgelehrte

Nachdem der Schriftgelehrte die Jesus Erzählung vom barmherzigen Samariter gehört hat, stellt ihm Jesus eine Frage. Der
Schriftgelehrte antwortet ihm.

Arbeitsauftrag

Spielt die Szene so nach, wie sie in der Bibel steht.

51

Auftrag 6

Am nächsten Morgen in der Herberge

Nachdem der Samariter die Nacht über am Bett des Verletzten gewacht hatte, musste er am nächsten Morgen weiter. Davor sprach er noch mit dem Wirt.

Arbeitsauftrag

Spiele die Szene so nach, wie sie in der Bibel steht.

6. Literaturverzeichnis

6.1 Grundlagenliteratur

Auer, M., Hartwig, H. W. (Hrsg): Lehrplankommentar für die bayerische Grundschule. Didaktische Grundlagen und praktische Umsetzung. Band 1. Jahrgangsstufen 1 und 2. Mit Kopiervorlagen. Auer Verlag. Donauwörth. 2001.

Bayerisches Staatsministerium für Unterricht und Kultus: Lehrplan für die bayerische Grundschule. 11. Auflage. München 2011.

Maras, R., Ametsbichler, J.: Unterrichtsgestaltung in der Grundschule – ein Handbuch. Auer-Verlag, Donauwörth 2012.

Neues Großes Volkslexion in 10 Bänden, Brockhausverlag, Band 5 und 6, neu bearbeitete Auflage, Brockhaus-Verlag, Wiesbaden 2009.

6.2 Fachwissenschaftliche Literatur

Barclay, W. : Lukasevangelium. Auslegung des Neuen Testaments. Aussaat Wuppertal 1968.

Bubolz, G. (Hrsg.): Religionslexikon. Cornelsen Verlag Scriptor GmbH & Co.Frankfurt a. M. 1990.

Conzelmann, H., Lindemann, A: Arbeitsbuch zum Neuen Testament. Mohr Siebeck. Tübingen 2004

Elberfelder Studienbibel mit Sprachschlüssel. Altes und neues Testament . 5. Aufl., Brockhaus, Wuppertal   2001.

Gruber, E.: Mein Glaube in Bildern und Symbolen. Don Bosco. München 2003

Harnisch, W.: Die Gleichniserzählungen Jesu. Vandenhoeck & Ruprecht. Göttingen 1995.

Klein, H.: Das Lukasevangelium.Vandenhoeck & Ruprecht,Göttinge 2006.

Kaupp, A, Leimgruber, St., Scheidler, M.(Hg.): Handbuch der Katechese. Für Studium und Praxis. Herder, Freiburg-Basel-Wien 2011.

Lachmann, R. / Adam, G. / Reents, C. (Hrsg.) : Elementare Bibeltexte. Exegetisch – systematisch – didaktisch. 2. Aufl. Vandenhoeck & Ruprecht, Göttingen 2002.

Müller, P-G.: Stuttgarter kleiner Kommentar. Neues Testament. Einführung in die praktische Bibelarbeit. Verlag Kath. Bibelwerk, Stuttgart 1990.

Müller, P-G.: Stuttgarter kleiner Kommentar: Neues Testament. Lukasevangelium.Verlag Katholisches Bibelwerk, Stuttgart 1984.

Ratzinger, J., Benedikt XVI: Jesus von Nazareth. Herder, Freiburg, Basel, Wien, 2006.

Rienecker, F. :. Wuppertaler Studienbibel. Das Evangelium des Lukas, erklärt von Fritz Rienecker. Brockhaus, Wuppertal 1989.

6.3   Fachdidaktische Literatur

Hilger, G. , Ritter, W.H. : Religionsdidaktik Grundschule, Handbuch für die Praxis des evangelischen und katholischen Religionsunterrichts. Kösel 2010

Mineshige, K. : Besitzverzicht und Almosen bei Lukas. Band 2/163, 2003.

Neidhart, W., Eggenberger, H.: Erzählbuch zur Bibel 1. Theorie und Beispiele. Patmos, Düsseldorf 1987.

Neidhart, W.: Erzählbuch zur Bibel 2. Geschichten und Texte für unsere Zeit weitererzählt. Patmos, Düsseldorf 1993.

Noormann, H. / Becker, U. / Trocholepczy B.: Ökumenisches Arbeitsbuch Religionspädagogik. 2. Aufl. Kohlhammer, Stuttgart 2004.

Ort, B., Rendle, L: Arbeitshilfen zu fragen, suchen, entdecken. Kösel, Klett, München 2011.

Rienecker, F. :. Wuppertaler Studienbibel. Das Evangelium des Lukas, erklärt von Fritz Rienecker. Brockhaus, Wuppertal 1989.

Steiner, A. / Weymann, V.: Jesus Begegnungen Bibelarbeit in der Gemeinde. Themen und Materialien. Band 1. Benzinger, Köln 1978